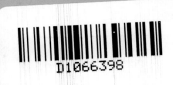

MAX

MAX

By Giovannetti

A Margaret K. McElderry Book

ATHENEUM 1977 NEW YORK

Library of Congress Cataloging in Publication Data

Giovannetti.
Max.
"A Margaret K. McElderry book."
1. Giovannetti. I. Title.
NC139.G46A5 741.5'973 76-50008
ISBN 0–689–50082–3

Published simultaneously in Canada by
McClelland & Stewart, Ltd.
Printed in the United States of America by
The Murray Printing Company
Bound by A. Horowitz & Sons/Bookbinders
Fairfield, New Jersey
First Atheneum Edition

TO NINI WITH LOVE

1

2

3

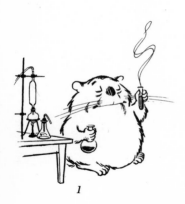

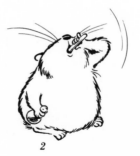

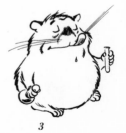

4

5

6

7

8

9

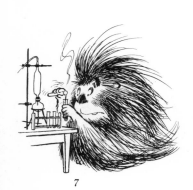

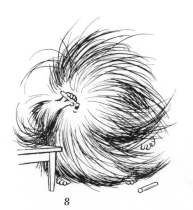

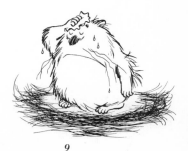

10

11

12

MAX

1

2

3

4

5

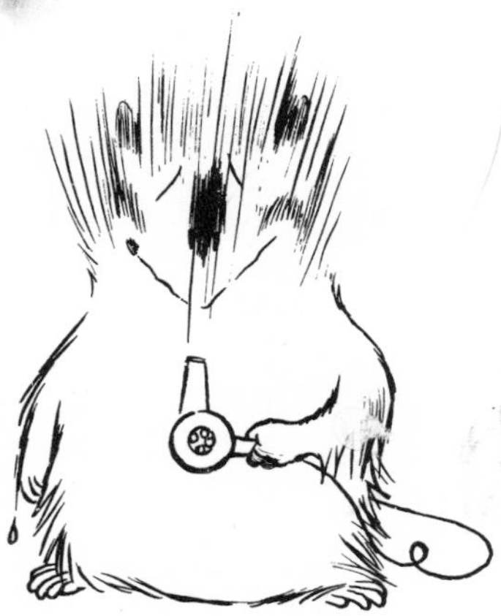

6

7

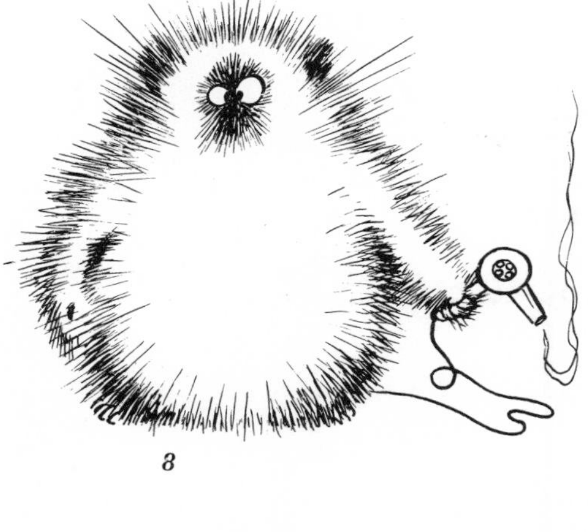

8

3

2

1

4

5

6

3

2

1

4

5

6

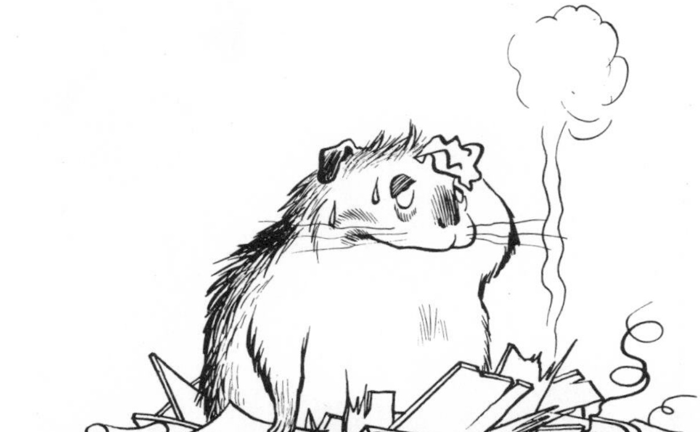

7

1

2

3

4

5

6

7

8

1

2

3

4

5

6

7

8

9

1

2

3

4

5

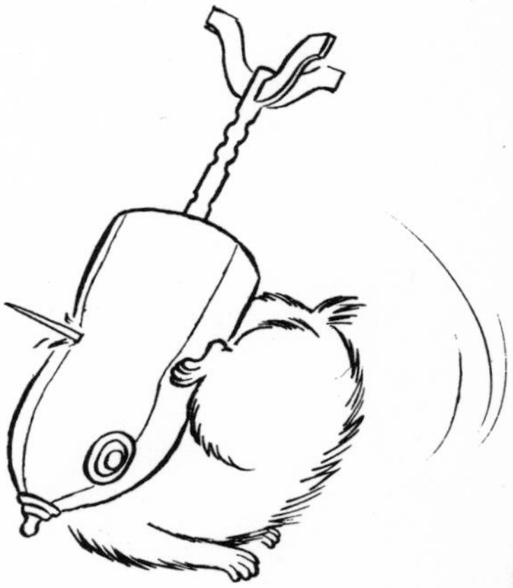

6

7

3

2

1

4

5

6

1

2

3

4

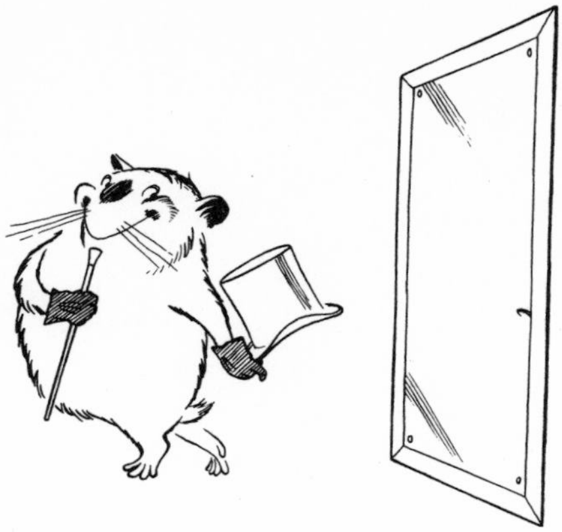

5

6

7

8

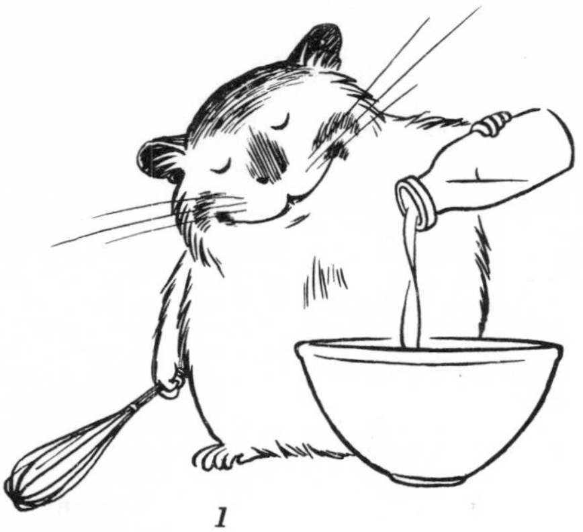

1

2

3

4

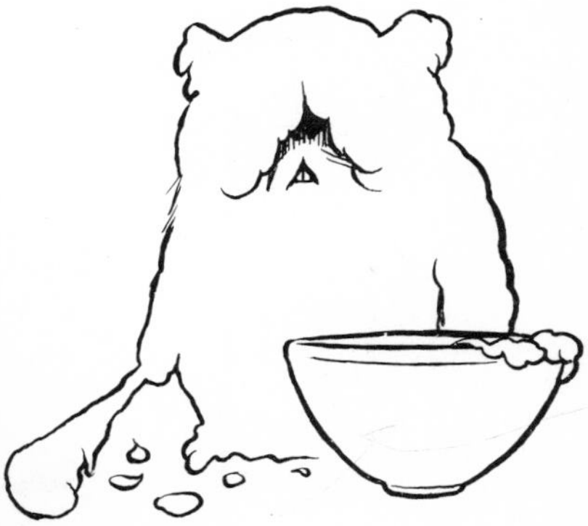

5

1

2

3

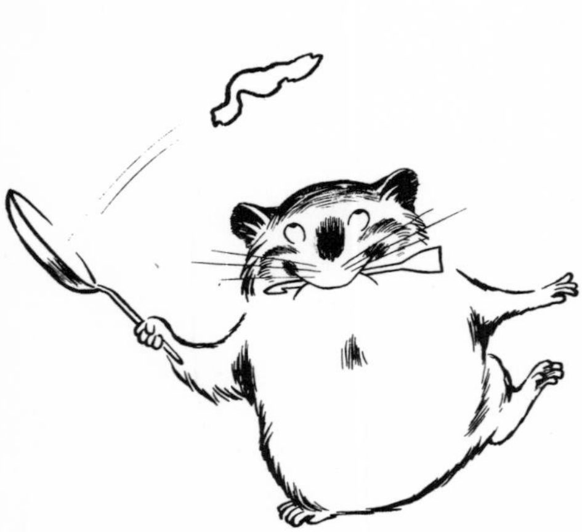

4

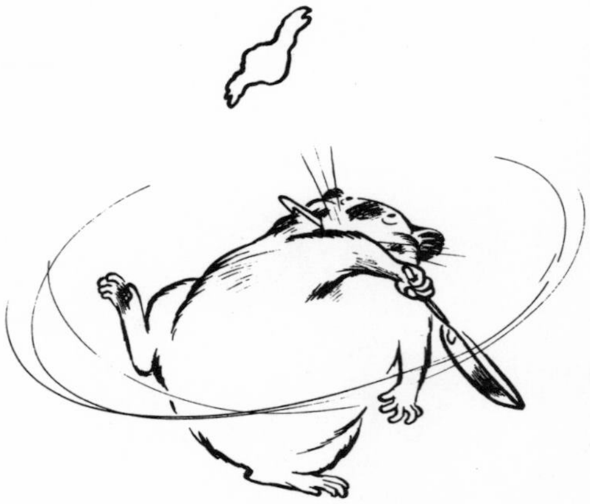

5

6

7

8

1

2

3

4

5

6

7

8

9

10

1

2

3

4

5

6

7

1

2

3

4

5

6

7

8

9

10

1

2

3

4

5

6

3

2

1

4

5

6

7

1

2

3

4

5

6

7

8

1

2

3

4

5

6

7

8

9

10

1

2

3

4

5

6

7

8

1

2

3

4

5

3

2

1

4

5

6

7

1

2

3

4

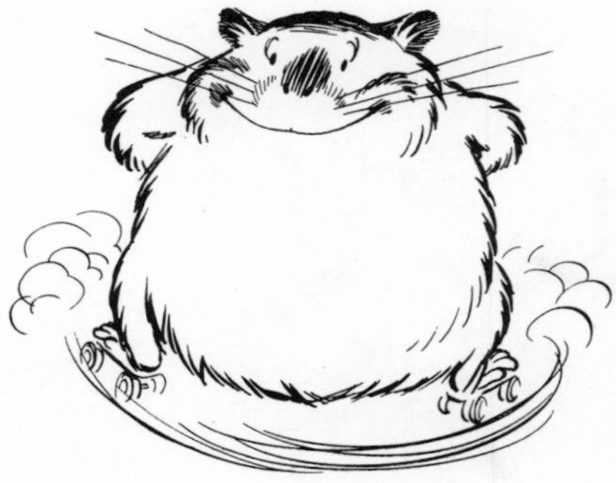

5

6

7

8

1

2

3

4

5

6

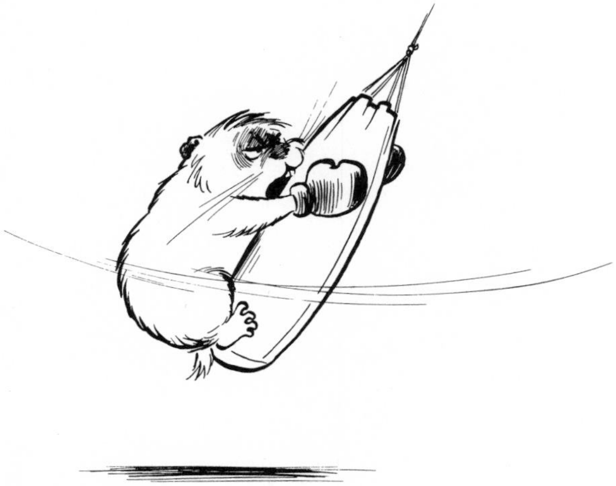
7

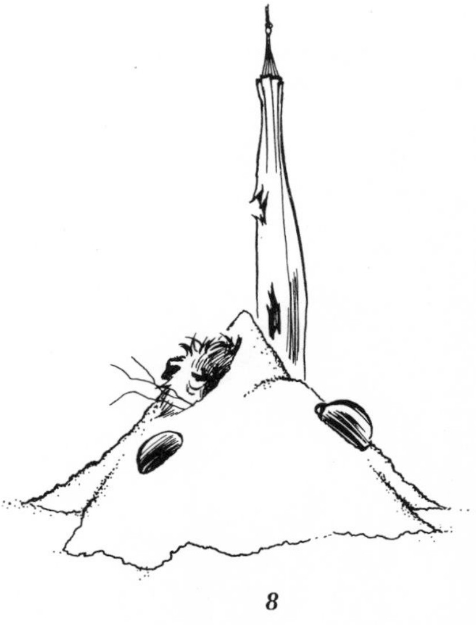
8

1

2

3

4

5

6

7

8

9

1

2

3

4

5

6

1

2

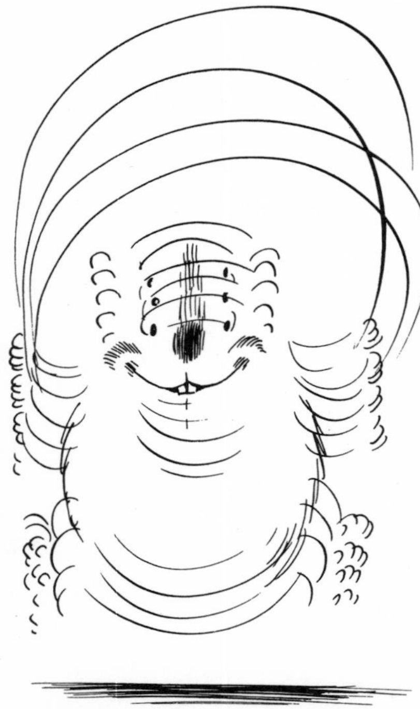

3

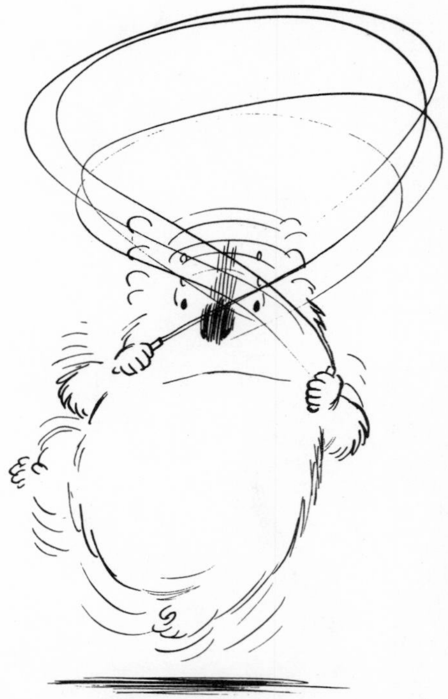

4

5

6

7

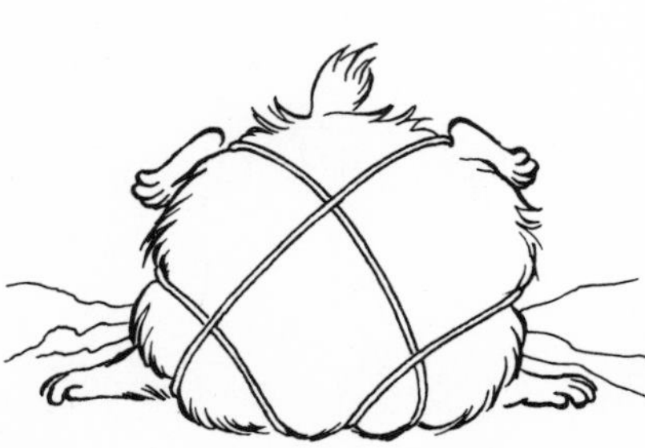

8

3

2

1

4

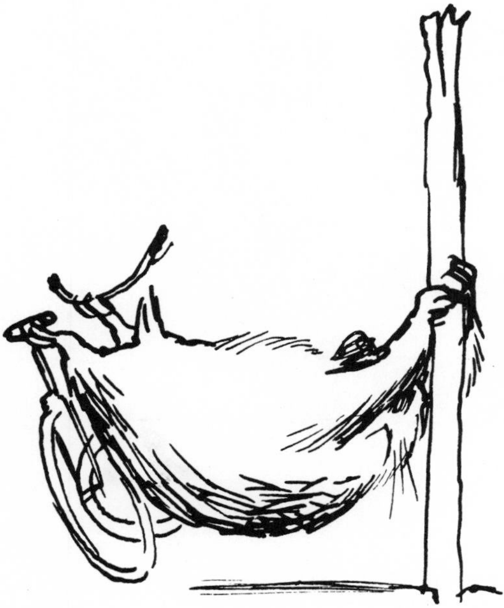

5

1

2

3

4

3

2

1

4

5

6

1

2

3

4

5

6

7

8

3

2

1

4

5

6

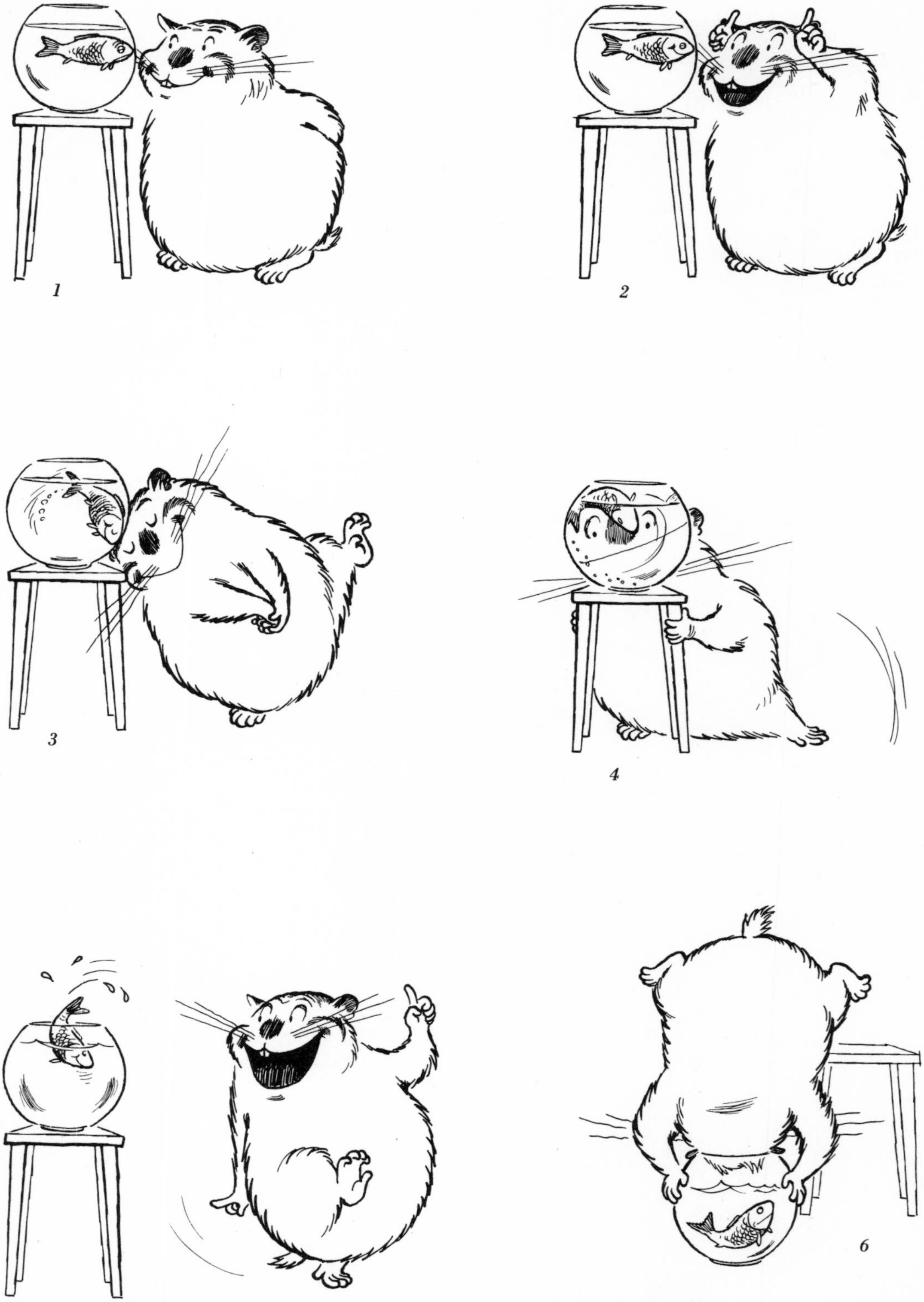
1
2
3
4
5
6

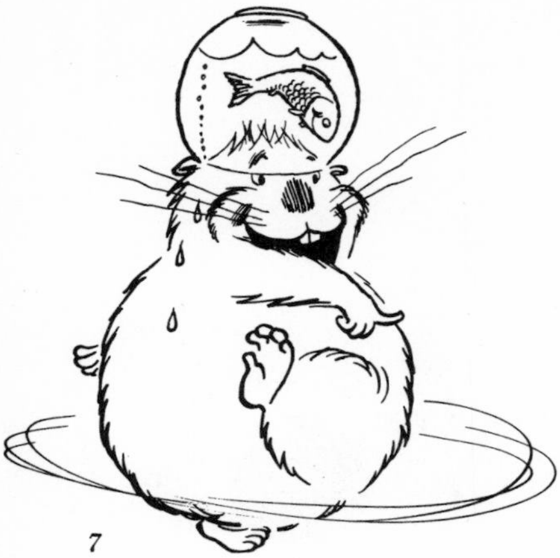

7

8

9

10

11

3

2

1

4

5

6

1

2

3

4

5

3

2

1

4

5

6

1

2

3

4

5

6

7

8

3

2

1

4

5

6

1

2

3

4

5

6

7

8

3

2

1

4

5

6

1

2

3

4

5

6

7

8

9

10

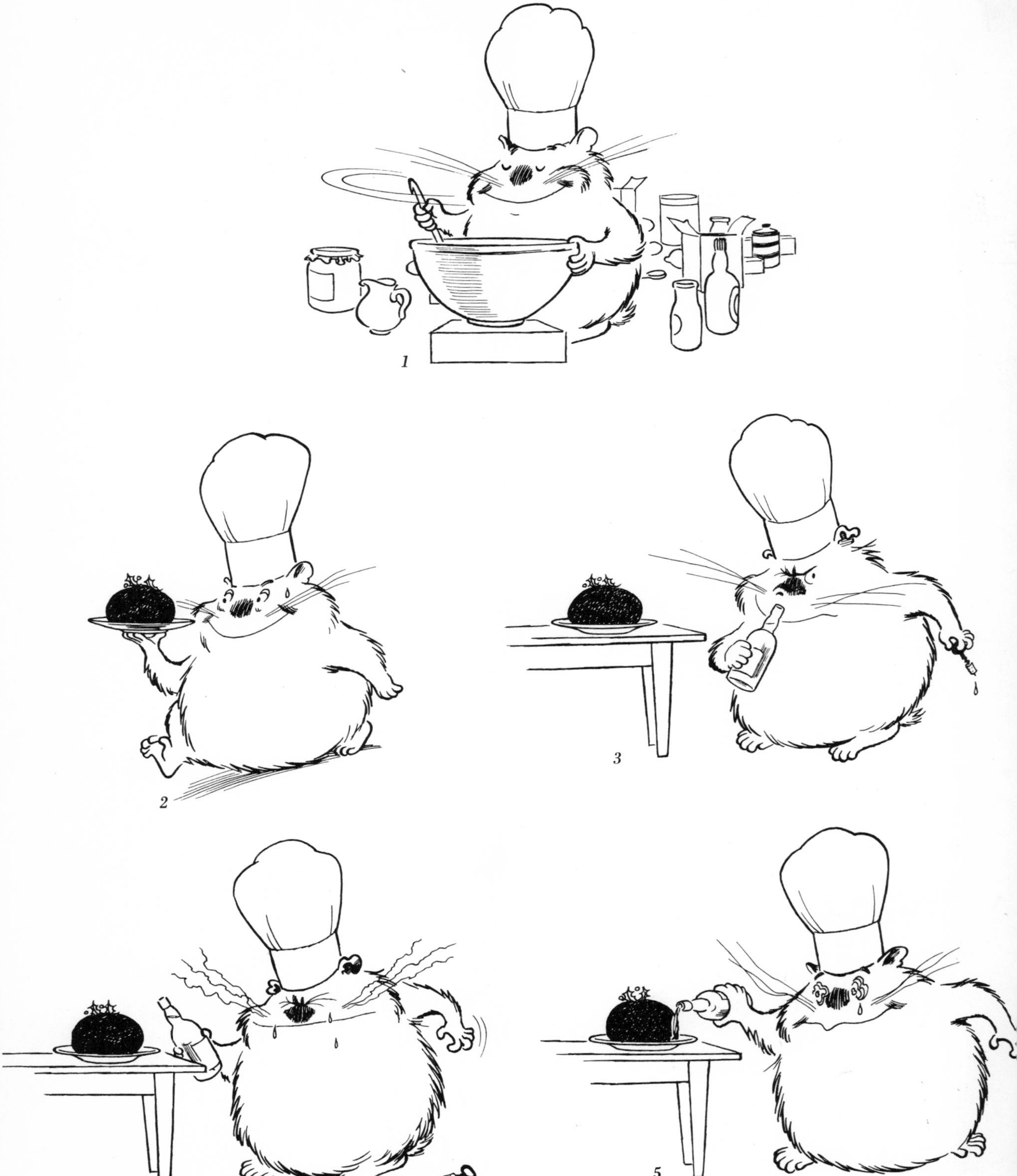
1
2
3
4
5

6

7

8

9

3

2

1

4

5

6

3

2

1

4

5

6

7